Einsterns Schwester 3

Themenheft 1
Sprache untersuchen

Herausgegeben von
Roland Bauer
Jutta Maurach

Erarbeitet von
Annette Rothfuß

Cornelsen

Inhaltsverzeichnis

So kannst du mit den Heften arbeiten

Du machst alle
Seiten der Lernportion 1.

Zuerst im grünen Heft. Dann im roten Heft. Dann im gelben Heft. Und dann im blauen Heft.

Danach machst du in
allen Heften die Lernportion 2.

Nun machst du in
allen Heften die Lernportion 3.

Genauso bearbeitest du
alle anderen Lernportionen.

Zu jeder Lernportion kannst du im Arbeitsheft arbeiten.

→ AH Seite …
Dieser Hinweis zeigt dir,
dass es eine passende Seite
im Arbeitsheft gibt.

1 Nomen für Menschen und Dinge ordnen

1 Ordne die Nomen für Menschen und Dinge.

die Eisverkäuferin	die Sonne
der Fischer	das Baby
der Mann	das Meer
der Strandkorb	der Opa
die Zeitung	der Kapitän
die Sonnenbrille	der Taucher
die Oma	die Sandburg
die Wolke	die Frau

Heft 1, Seite 5 ①

Menschen	Dinge
die Eisverkäuferin	die Sonne
...	

2 Finde weitere Nomen zum Urlaub.
Ergänze die Tabelle.

1 Nomen für Tiere und Pflanzen ordnen

1 Ordne die Nomen für Tiere und Pflanzen.
Schreibe den Artikel dazu.

Heft 1, Seite 6 ①

Tiere	Pflanzen
die Maus	das Moos
...	...

DER WALD IST WIE EIN HAUS.
AUF DEM **WALDBODEN** WÄCHST MOOS
UND FARN. DORT WOHNEN MAUS,
HAMSTER UND DACHS.
IN DER **KRAUTSCHICHT** WACHSEN GRAS,
FARN UND SPRINGKRAUT. SIE IST DIE HEIMAT
VON HASE, IGEL UND SCHMETTERLING.
IN DER **GEHÖLZSCHICHT** STEHEN
EICHE, BUCHE UND KIEFER.
SIE BIETET WOHNUNG FÜR
WALDKAUZ, BUCHFINK
UND KUCKUCK.
WAS IST WOHL DAS DACH?

2 Finde weitere Waldpflanzen oder Waldtiere im Bild.

3

1 Bestimmte und unbestimmte Artikel verwenden

1 Schreibe mindestens sechs Dinge auf, die dir gefallen könnten. Unterstreiche die Artikel.

Spiel | Puzzle | Flummi | Buch

Ball | Puppe | Quartett

Flugzeug | Haarspange | Trinkflasche

Heft 1, Seite 7 ①

ein Spiel, eine …

…

2 Spiele mit einem anderen Kind ein Gespräch.

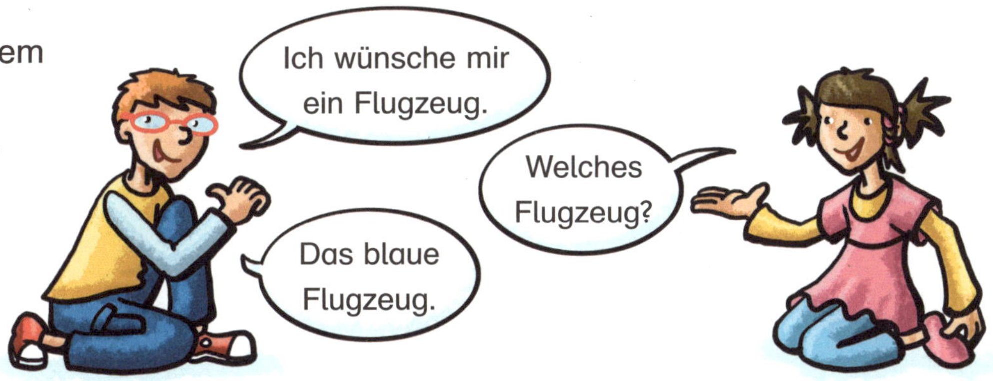

3 Ergänze die Sätze und schreibe sie auf. Unterstreiche den Artikel.

das Tierbuch | ein Lied | eine Blume

ein Geldstück | der Mond | die Sonne

Heft 1, Seite 7 ③

Am Tag scheint die …

…

Am Tag scheint ▒. Nachts scheint ▒.

Auf dem Boden liegt ▒. Lisa pflückt ▒.

Wir singen ▒. Tim gefällt ▒.

1 Nomen in Einzahl und Mehrzahl bilden

Schreibe die Nomen in der Einzahl und in der Mehrzahl mit Artikel auf.
Markiere, was sich in der Mehrzahl verändert.

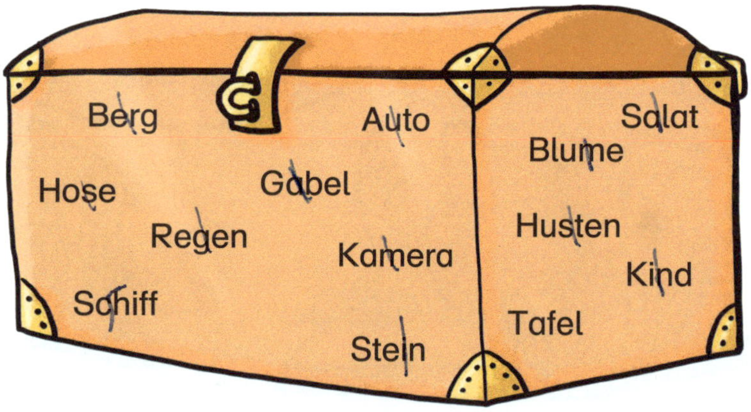

Heft 1, Seite 8 ①
der Berg – die Berge, …
…

Ordne jedem Bild den passenden Tiernamen zu.
Schreibe die Tiernamen in der Einzahl und in der Mehrzahl auf.

Heft 1, Seite 8 ②
1 die Gans – die Gänse, …
…

die Gans | die Maus | der Vogel | die Laus | der Fuchs | der Storch

3 Bei manchen Nomen ändert sich das Mehrzahlwort nicht.
Schreibe Einzahl und Mehrzahl mit dem richtigen Artikel auf.

Heft 1, Seite 8 ③
1 das Fenster – die Fenster, …
…

1 Nomen für Gefühle kennen lernen

Wörter für **Gefühle** sind Nomen.
Auch sie werden großgeschrieben: die Freude

① Ordne jedem Bild das passende Nomen zu.
Schreibe die Nomen mit Artikel auf.

Heft 1, Seite 9 ①
1 die Freude, …
…

Stolz | Neugier | Freude | Wut | Schreck | Angst

② Schreibe den Text in dein Heft. Unterstreiche alle Nomen.

In der Klasse 3b findet ein Sportfest statt.
Elena hat Angst, dass sie zu langsam läuft.
Aber als der Schiedsrichter die Startklappe zusammenklappt, läuft sie nach einem kurzen Schreck los. Sie ist zum Glück sehr schnell.
Voller Stolz nimmt sie ihren Preis entgegen.
Alexander klatscht nicht. Die Wut und der Ärger stehen ihm ins Gesicht geschrieben.
Schade!

Heft 1, Seite 9 ②
In der Klasse 3b …
…

③ Schreibe die sechs Nomen für Gefühle von ② mit Artikel in dein Heft.

Heft 1, Seite 9 ③
die Angst, …
…

→ AH Seite 5

1 Oberbegriffe verwenden

1 Alle Dinge müssen in die richtigen Kisten.
Schreibe die Nomen mit Artikel auf.

Heft 1, Seite 10 ①

Spielsachen:
das Flugzeug, ...

Kleidung:
die Hose, ...

Schreib-und Bastelmaterial:
das Papier, ...

2 Finde Oberbegriffe für die Wörter.

a) Tisch, Schrank, Bett, Lampe

b) Apfel, Orange, Ananas, Banane

c) Eiche, Rose, Tulpe, Buche

d) Hammer, Säge, Bohrer, Axt

e) Roller, Auto, Bus, Lastwagen

f) Tasse, Teller, Müslischale, Eierbecher

Heft 1, Seite 10 ②

a) Möbel
...

3

1 Pronomen kennen lernen

Die Wörter ich, du, er, sie, es, wir, ihr, sie sind **Pronomen**.
Pronomen können Nomen ersetzen: Der **Flummi** ist rund. **Er** ist rund.

1 Schreibe den Text als Rätsel.
Ersetze das Nomen **Flummi** durch das Pronomen **er**.
Lies das Rätsel einem anderen Kind vor.

Der Flummi ist rund und glatt.
Der Flummi kann verschiedene Farben haben.
Der Flummi ist ganz aus Gummi.
Der Flummi kann gut springen,
wenn man ihn auf den Boden wirft.

Heft 1, Seite 11 ①
Er ist rund und …
…

2 Löse das Rätsel.
Schreibe den Text mit dem richtigen Nomen ab.

Sie ist rund und glatt.
In der Mitte hat **sie** bunte Farben.
Sie ist durchsichtig.
Sie kann gut rollen.

Heft 1, Seite 11 ②
Die …
…

3

1 Pronomen richtig zuordnen

1 Ergänze die Pronomen in Gedanken. Schreibe den Text ab.
Lies den Text einem Partnerkind vor.

| sie | er | sie | wir | es |

Das ist Lina. ___ hat den Urlaub bei ihrem Opa verbracht. ___ ist mit Lina in den Zoo gegangen. ___ haben die Tiere beobachtet. Lina hat es sehr gut gefallen. „___ sollten das öfter machen“, hat sie gesagt. Auf dem Rückweg haben Opa und Lina noch ein Eis gegessen. ___ hat prima geschmeckt.

Heft 1, Seite 12 ①
Das ist Lina. Sie …
…

2 Lies den Text. Ergänze die Pronomen in Gedanken.
Schreibe die Nomen und Pronomen als Paare ins Heft.

Das Wort **Zoo** bedeutet „Tier“.
___ ist die Kurzform für zoologischer Garten.
Der Zoo ist meistens eine große Anlage.
___ dient zur Haltung verschiedener Tierarten.

Heft 1, Seite 12 ②
das Wort – es, die Anlage – …
…

Der Zoo in Stuttgart ist einzigartig.
___ ist gleichzeitig ein Zoo und ein botanischer Garten.
In den verschiedenen Hallen leben viele Tiere.
___ können das ganze Jahr über besucht werden.
Im Jahr 2005 blühte in der Wilhelma die größte Pflanze der Welt.
___ stellte mit 2,70 m einen neuen Weltrekord auf.

Man kann die Wilhelma an 365 Tagen im Jahr besuchen.
___ ist sogar an Weihnachten und Silvester geöffnet.

→ AH Seite 6

2 Passende Verben finden

1 Schreibe auf, was die Kinder in der Pause tun.
Unterstreiche die Verben.

Heft 1, Seite 13 ①
über den Hof gehen, …
…

| über den Hof | Tischtennis | Gummitwist |
| Obst | Seil | Ball | auf der Mauer |

2 Finde immer drei passende Verben.

im Klassenzimmer **in der Turnhalle** **auf dem Schulweg**

lesen turnen fangen
schreiben warten gehen
rennen aufpassen basteln

Heft 1, Seite 13 ②
im Klassenzimmer: lesen, …
in der Turnhalle: …
auf dem Schulweg: …

3

2 Passende Verbformen bilden

Verben stehen im **Wörterbuch** in der Grundform.
Die Grundform hat am Ende ein **-n**, oder **-en**.
In **Texten** stehen die Verben oft in der **Personalform**.
Die Endung zeigt, wer etwas tut:
ich geh**e**, du geh**st**, er/sie/es geh**t**, wir geh**en**, ihr geh**t**, sie geh**en**

1 Was tut Julia? Suche zu den Verben die Grundform.

Das ist Julia.
Sie geh**t** in die Klasse 3b.
Sie tanz**t** Ballett.
Sie spiel**t** Geige.

Heft 1, Seite 14 ①

Personalform	Grundform
sie geht	gehen
...	

2 Schreibe die Verben **kommen** und **hören** in der Grundform und in allen Personalformen auf. Unterstreiche die Endung.

er, sie, es hört	ihr kommt	ihr hört
sie kommen	ich höre	wir hören
du kommst	du hörst	er, sie, es kommt
ich komme	sie hören	wir kommen

Heft 1, Seite 14 ②

kommen	hören
ich komme	ich höre
du kommst	du ...
er, sie, es ...	er, sie, es ...
wir ...	wir ...
ihr ...	ihr ...
sie ...	sie ...

2 Personalformen finden

1 Ordne die Pronomen den richtigen Personalformen zu.

ich	du	malt	spielt
er	sie	rennt	schreiben
es	wir	komme	gehst
ihr	sie	trinkt	holen

Heft 1, Seite 15 ①
ich komme, …
…

2 Wähle ein Spiel aus. Schreibe den Text ab.
Setze die Verben in der richtigen Form ein.

Heft 1, Seite 15 ② a)
Jeder Spieler faltet
seine Hände …

Zwei Spiele für Regenpausen

a) Jeder Spieler ___ seine Hände und ___ mit seinen Armen einen Ring, der zu seinen Füßen ___. Alle Mitspieler ___ auf ein Zeichen durch ihren Armring, ohne dass sie die Hände ___.

Wer das ___,
___ das Ganze
rückwärts.

falten | bilden | zeigen | steigen | lösen | schaffen | probieren

b) Ein Spielpartner ___ seine Hände und ___ die Finger. Er ___ die Hände nach oben, sodass er seine Finger ___. Zwei Kinder ___ abwechselnd auf einen Finger. Der Spielpartner ___, diesen zu ___. Das Spiel ___ nicht, wenn jemand die Finger ___.

kreuzen | falten | drehen | sehen | zeigen | versuchen | bewegen | funktionieren | berühren

2 Wortstamm und Endung erkennen

Verben haben einen **Wortstamm** und eine **Endung**.
Der Wortstamm bleibt meist gleich:
trinken – ich trinke, singen – du singst, rennen – er rennt

1 Immer drei Verbformen gehören zusammen.
Schreibe sie auf. Unterstreiche den Wortstamm.

malen	sie träumt	singen
ich gehe	er geht	er baut
gehen	er malt	sie singt
ich träume	ich singe	ich baue
träumen	bauen	ich male

Heft 1, Seite 16 ①
malen – ich male – er malt
...

2 Schreibe die Sätze mit den Personalformen von **spielen** auf.
Unterstreiche den Wortstamm.

Im Freibad

Mama ▢ mit Moritz Federball.
Wir ▢ auf der Decke.
Ich ▢ mit Murat Ball.
Lukas ▢ Fußball.
Max und Lea ▢ Ball.
Das Baby ▢ mit der Rassel.
Die Kinder ▢ alle im Wasser.

Heft 1, Seite 16 ②
Mama spielt mit Moritz Fußball.
...

→ AH Seite 12

2 Verbformen ergänzen

1 Schreibe alle Personalformen mit den Pronomen auf.

laufe | fährt | läuft | fahre | lauft | fahrt | fahren | laufen | fährst | fahren | laufen | läufst

Heft 1, Seite 17 ①

	laufen	fahren
ich	laufe	
du		
er/sie/es		
wir		
ihr		
sie		

2 Schreibe den Text ab und setze die richtigen Verbformen ein.

Mit dem Förster im Wald

Die Klasse 3b ___ (laufen) heute mit dem Förster durch den Wald. Maxi ___ (sehen) gleich zu Beginn ein Reh durch die Bäume huschen. Plötzlich ___ (bleiben) es stehen. Alle Kinder ___ (sein) ganz still und schauen dem Reh zu, wie es kleine Zweige ___ (fressen).

Heft 1, Seite 17 ②

Die Klasse 3b läuft heute …

…

3

2 Verben mit Vorsilben zusammensetzen

Die Vorsilben ab-, auf-, aus-, be-,
ein-, ver-, vor- kannst du vor Verben stellen.
Vorsilben verändern die Bedeutung von Verben:
aufschreiben, **ver**schreiben

1 Schreibe auf, was Murat tut.
Unterstreiche die Vorsilbe.

Heft 1, Seite 18 ①
1 abschreiben, 2 …
…

1

auf- / ab- schreiben

2

vor- / ver- tragen

3

ein- / ver- schenken

4

ein- / aus- gießen

2 Bilde mindestens acht Verben mit passenden Vorsilben.

vor- ver- ab- rechnen fahren
auf- weiter- hin- schreiben
aus- weg- gehen

Heft 1, Seite 18 ②
vorrechnen, …
…

3 Finde selbst mindestens drei Verben mit Vorsilben. Schreibe Sätze.

2 Verben nach Wortfeldern ordnen

1 Ordne die Verben nach Wortfeldern.

a) Schreibe das Wortfeld **essen** auf.

b) Überlege, zu welchem Wortfeld die anderen Verben gehören.

c) Schreibe das andere Wortfeld auch in dein Heft.

Heft 1, Seite 19 ①

Wortfeld essen	Wortfeld ...
löffeln, ...	...

2 Ordne die Wörter des Wortfelds **gehen**.

a) langsam gehen:

b) schnell gehen:

schlendern	laufen	kriechen
humpeln	bummeln	wandern
spazieren	marschieren	flitzen
schleichen	rennen	trödeln

Heft 1, Seite 19 ②

a) langsam gehen: schlendern ...

b) schnell gehen: rennen ...

3

3 Zeitformen von Verben kennen lernen

Die Zeitformen von Verben zeigen, wann etwas geschieht.
- in der **Gegenwart** (= heute): Antonia **spielt** Klavier.
- oder in der **Vergangenheit** (= früher): Julia **spielte** Geige.

1 Ergänze die Verben.
Schreibe die Verben in Gegenwart und Vergangenheit auf.

hören | fahren | schrieben
wuschen | dürfen | fuhren | hörten
schreiben | waschen | durften

Heft 1, Seite 20 ①
1 hören – hörten, …
…

1 Heute hören die meisten Menschen Musik auf CD an.
Früher ▭ viele Menschen Musik auf Schallplatten.

2 Heute dürfen alle Kinder in die Schule gehen.
Früher ▭ oft nur die Jungen in die Schule gehen.

3 Heute ▭ die Menschen mit dem Auto.
Früher ▭ die Menschen mit Kutsche und Pferd.

4 Heute ▭ die Menschen ihre Wäsche mit der Waschmaschine.
Früher ▭ die Menschen ihre Wäsche von Hand.

5 Heute ▭ die Menschen oft eine SMS oder eine E-Mail.
Früher ▭ die Menschen einen Brief.

2 Überlege dir mindestens vier eigene Sätze, wie es früher war und heute ist. Schreibe sie auf.

Heft 1, Seite 20 ②
Früher …
Heute …

3 Gegenwart und Vergangenheit von Verben bilden

1 Bilde mit den Verben die Vergangenheitsform.
Verwende das Pronomen **ich**.

besuchen | erzählen | geben
bringen | können | zeigen
nehmen | schütten | machen

Heft 1, Seite 21 ①
besuchen – ich besuchte, ...
...

2 Schreibe die Verben mit den Pronomen auf.
Ergänze die Grundform.

Damals und heute

Früher gab es für die Arbeit kaum Maschinen. Die Menschen arbeiteten zusammen. Beim Hausbau mussten sie alle anpacken. Die ganze Familie und auch die Nachbarn halfen mit. Es gab noch keinen Kran, der die Materialien transportierte. Die Zimmerleute zogen die Balken von Hand auf das Dach.

Die Bauern spannten den Pflug hinter das Pferd oder den Ochsen. Sie schnitten das reife Getreide mit einer Sense.

Die Bäuerin melkte die Kühe von Hand. Sie knetete Teig mit der Hand, um Brot zu backen.

Heft 1, Seite 21 ②
es gab – geben,
sie arbeiteten – ...
...

3 Zeitformen von Verben üben

Bei manchen Verben verändert sich in der Vergangenheit der Wortstamm:
wir sehen – wir sahen

1 Immer drei Verbformen gehören zusammen. Schreibe auf.

schreien | sehen | wir riefen | kommen | ich schreie
er sprach | rufen | ihr kommt | sie gießen
sie aß | es hilft | gießen
du sahst | sprechen | ich schrie
es half | ihr kamt | er spricht
sie isst | wir rufen | helfen
du siehst | sie gossen | essen

Heft 1, Seite 22 ①

Grundform	Gegenwart	Vergangenheit
schreien	ich schreie	ich schrie
...	...	...

2 Schreibe die Wörter mit ihrer Grundform auf.

halfen stand schwamm lag aß
wusste blieb bekam ließ fuhr

Heft 1, Seite 22 ②
halfen – helfen, stand – stehen, ...
...

3 Setze die Abzählverse in die Gegenwartsform.
Lies sie einem anderen Kind vor.

Da war eine feine Dame,
die kratzte sich am Arme,
die kratzte sich am Po,
such du den Floh!

Eine kleine Dickmadam
fuhr mit einer Eisenbahn.
Eisenbahn, die krachte,
Dickmadam, die lachte.
Fiel zum Wagen raus –
und DU bist aus.

→ AH Seite 19

3 Verben in der Vergangenheit bilden

1 Schreibe den Text ab und setze die Verben in der Vergangenheit ein.

Schule früher

Früher ___ (tragen) die Jungen kurze Hosen.
Und das ___ (sein) nicht nur im Sommer so.
Im Winter ___ (ziehen) sie dazu dicke Strümpfe an
und ___ (machen) sich auf den Weg in die Schule.
Die Mädchen ___ (gehen) mit Kleidern in die Schule.
Oft ___ (binden) sie noch eine Schürze darüber.
In der Schule ___ (sitzen) Mädchen und Jungen oft getrennt.
Wenn jemand nicht ___ (folgen), ___ (bekommen) er vom Lehrer
mit einem Stock Schläge auf die Hände.
Das ___ (nennen) man Tatzen. Im Sommer ___ (laufen) viele Kinder barfuß,
um die Schuhe für den Winter zu schonen.

Heft 1, Seite 23 ①
Früher trugen die Jungen kurze
Hosen. …
…

2 Schreibe mindestens sechs Vergangenheitsformen mit einem passenden Pronomen auf. Ergänze die Grundform.

wusste | stand | fragte | war | saß
hatte | sagte | trank | las | ging
glaubte | blieb | fuhr | aß | ließ
kratzte | bekam | halfen | lag

Heft 1, Seite 23 ②

Vergangenheit	Grundform
er wusste	wissen
sie …	

3

4 Mit Adjektiven beschreiben

1 Erfindet Tierrätsel.
Jedes Kind beschreibt ein Tier mit zwei Adjektiven.
Das Rätsel ist schwerer, wenn du als Erstes ein Adjektiv wählst, das auf mehrere Tiere zutrifft, z. B. **gestreift**.

weiß | schwer | gestreift | gefährlich

scheu | grau | stark | schnell

Heft 1, Seite 24 ①
Das Fell ist gestreift.
Er ist sehr gefährlich. (Tiger)
Das Fell ist gestreift.
Es ist scheu. (Zebra)
...

2 Wähle einen Tiernamen.
Finde zu jedem Buchstaben ein passendes Adjektiv zu dem Tier.

Hase

Uhu

Maus

Hamster

Katze

kuschelig
anschmiegsam
treu
zimperlich
eigensinnig

Hund

hungrig
ungezogen
niedlich
dünn

4 Gegensatzpaare finden

1 Finde in jeder Wörterschlange Adjektivpaare, die das Gegenteil ausdrücken.

Heft 1, Seite 25 ①
Wörterschlange 1: leise – laut, …
Wörterschlange 2: teuer – …

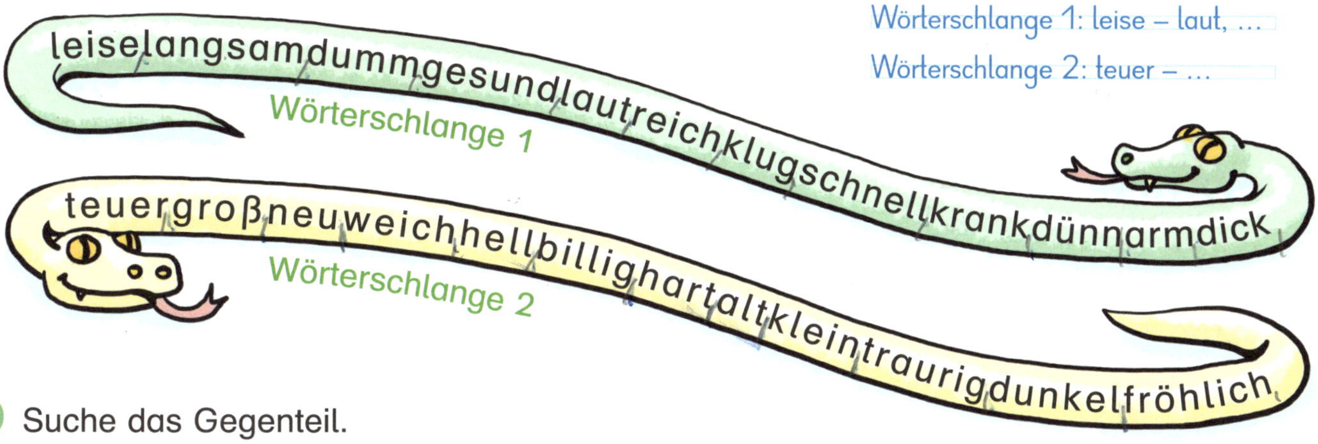

2 Suche das Gegenteil.
Schreibe die Wortpaare auf.

Was leicht ist, ist nicht ▒.

Was hart ist, ist nicht ▒.

Was voll ist, ist nicht ▒.

Was warm ist, ist nicht ▒.

Was groß ist, ist nicht ▒.

Wer arm ist, ist nicht ▒.

Wer jung ist, ist nicht ▒.

Was schmutzig ist, ist nicht ▒.

Heft 1, Seite 25 ②
leicht – schwer, …
…

3 Wähle ein Kind aus deiner Klasse.
Beschreibe es, wie es **nicht** ist.
Lass andere Kinder raten.

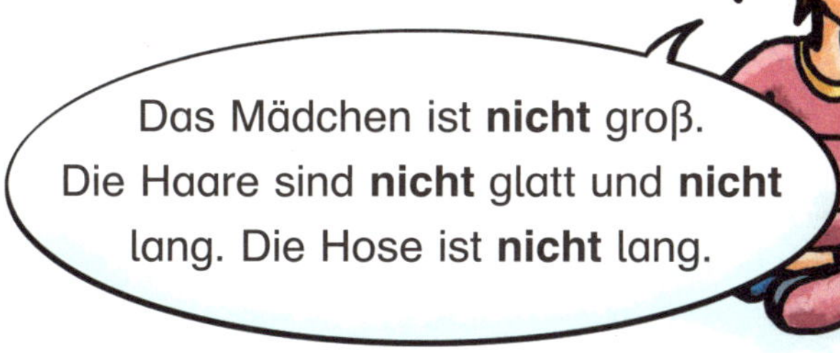

4 Adjektive anpassen

1 Finde passende Adjektive zu den Nomen.
Du kannst die Adjektive mehrfach verwenden oder eigene finden.

schick | lecker | duftend | topgünstig | leistungsfähig | modern | stabil | weiß | schnell | reduziert | superdick

Schuhe | Milch | Zahnpasta | Saft | Tennisschläger | Farbe | Schokoküsse | Computer | Shampoo | Motorrad | Marmelade

Heft 1, Seite 26 ①
die schicken Schuhe, ...
...

2 Setze die Adjektive in der richtigen Form in die Lücken.
Schreibe die Sätze auf.

Ein ___ Hund bellt laut. (klein)
Die ___ Sonne strahlt hell. (warm)
Das ___ Gras wird gemäht. (lang)
Heute weht ein ___ Wind. (kalt)

Heft 1, Seite 26 ②
Ein kleiner Hund bellt laut.
...

3

4 Adjektive mit -ig bilden

1 Bilde zu jedem Nomen aus der Wörterschlange ein Adjektiv mit **-ig**. Schreibe die Wortpaare auf.

Heft 1, Seite 27 ①
die Luft – luftig, …
…

2 Bilde Adjektive und schreibe die Wörter auf.

ein ▢ Mensch	Trauer		
ein ▢ Glas	Schmutz		
ein ▢ Tag	Wind		
ein ▢ Weg	Schatten	eine ▢ Maus	Hunger
ein ▢ Himmel	Nebel	eine ▢ Frau	Ruhe
ein ▢ Pilz	Gift	eine ▢ Straße	Stein

Heft 1, Seite 27 ②
ein trauriger Mensch, …
…

3

→ AH Seite 27

4 Adjektive mit -ig und -lich verwenden

1 Lies den Text laut und setze **-ig** und **-lich** richtig ein.

Am Nordpol

Professor Gerneklug und sein Assistent Moritz machten Station am Nordpol. Als sie morgens ihr Lager verlassen wollten, stand ein schreck✶ großer Eisbär davor. Gemüt✶ kam der Bär auf sie zugetrottet. Sie wussten, Eisbären sind sehr angriffslust✶, wenn sie hungr✶ sind. Moritz begann bitter✶ zu weinen. Auch dem Professor war das Ganze sehr unheim✶. Wir sind verloren, dachte er. Doch der Bär schnüffelte nur neugier✶ am Zelt und trottete dann fried✶ weiter. Gerade noch mal gut gegangen!

2 **-ig** oder **-lich**? Ordne die Wörter in eine Tabelle.

schwier- | hungr- | nütz- | flüss-
biss- | glück- | traur- | freund-
richt- | empfind- | schmutz- | gefähr-
fett- | sonn- | ängst-

Heft 1, Seite 28 ②

-ig	-lich
schwierig	nützlich
…	…

3 Wähle jeweils vier Adjektive mit **-ig** oder **-lich** aus und bilde Sätze.

Heft 1, Seite 28 ③

-ig: Heute ist ein sonniger Tag. …
-lich: Meine Lehrerin ist freundlich. …
…

4 Mit Adjektiven vergleichen

Mit Adjektiven kann man Menschen, Tiere, Pflanzen oder Dinge **vergleichen**.
In der **Grundstufe** verwendet man **wie**.
In der **1. Vergleichsstufe** verwendet man **als**.

Beispiel: Jan ist so groß **wie** sein Freund Lukas (Grundstufe).
Batol ist größer **als** Marie (1. Vergleichsstufe).
Tobias ist am größten (2. Vergleichsstufe).

1 Schreibe die Vergleiche in dein Heft.

schnell

groß

hoch

winzig

Heft 1, Seite 29 ①
Ein Fahrrad ist schnell.
Ein Motorrad ist schneller.
Ein Auto ist am schnellsten.
...

2 Finde selbst so einen Vergleich entweder von drei Pflanzen, drei Tieren, drei Dingen oder drei Menschen.

3 Schreibe die Vergleichsformen in dein Heft. Unterstreiche das Adjektiv.

1 Mein Fußball ist so gut ___ der von Raphael.
2 Bens Fahrrad ist größer ___ das von Tim.
3 Schokolade schmeckt mir besser ___ Spinat.
4 Mein Vater ist älter ___ der von Tina.
5 Sport macht mir genauso viel Spaß ___ Mathe.
6 Unser Hund Laika bellt lauter ___ der von unseren Nachbarn.

Heft 1, Seite 29 ③
1 so <u>gut</u> wie
2 ...

→ AH Seite 28

5 Zusammengesetzte Nomen finden

1 Finde die zusammengesetzten Nomen.
Unterstreiche den großen Anfangsbuchstaben.

Heft 1, Seite 30 ①
die Hand, der Schuh = der Handschuh; …
…

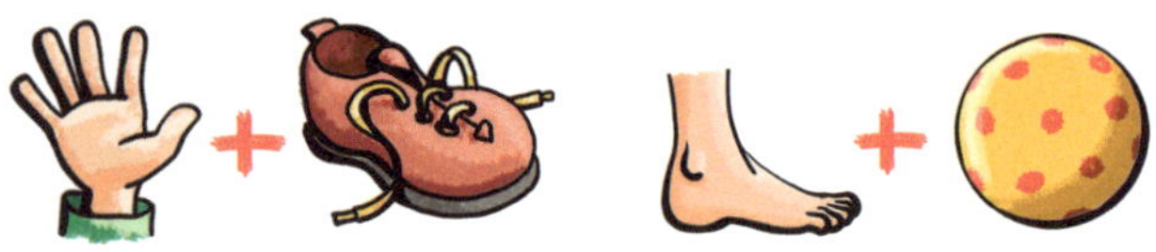

2 Bilde zusammengesetzte Nomen mit **Feuer**.
Ordne sie den Bildern zu.

Heft 1, Seite 30 ②
1 das Feuerzeug, …
…

der Melder | die Leiter | das Zeug | das Werk | der Löscher

3 Bilde zusammengesetzte Nomen mit **Stadt**.
Schreibe sie mit Artikel auf.

Teil | Mauer | Hafen
Tor | Mitte | Zentrum
Haupt | Turm
Heimat | Plan | Park
Rand | Apotheke | Halle

Heft 1, Seite 30 ③
der Stadtteil, …
…

5 Nomen und Verben zusammensetzen

Aus Verben und Nomen entstehen zusammengesetzte Nomen.
Dabei verändern sich die Verben.
Zusammengesetzte Nomen werden großgeschrieben:
das Stinktier: stinken + das Tier

1 Lies den Text. Finde mindestens sechs zusammengesetzte Nomen aus Verb und Nomen.

Die Klasse 3 b war gestern im Zoo. Lisa und Tim fanden die Schleichkatzen toll, Alex und Serkan waren bei den Wanderratten und den Stinktieren. Hanna und Nam haben einen Brüllaffen und einen Springbock gesehen. Max erzählt von der Klapperschlange, die eine Springmaus gepackt hatte. Einige Kinder haben ein Quiz über Singvögel gemacht.

Heft 1, Seite 31 ①
die Schleichkatze:
schleichen + die Katze, ...
...

2 Finde zusammengesetzte Nomen. Schreibe sie mit Artikel auf.

schauen | turnen | rollen | fahren
wühlen | hüpfen | schreiben

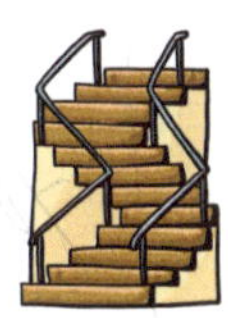

Heft 1, Seite 31 ②
schauen + das Bild =
das Schaubild, ...
...

3 Denkt euch noch mehr zusammengesetzte Wörter aus. Das erste Wort soll ein Verb sein.

5 Adjektive zusammensetzen

1 Schreibe die zusammengesetzten Adjektive in dein Heft.
Erkläre ihre Bedeutung.

 weiß  hart  grün

 leicht  süß

 rund  glatt  kalt

Heft 1, Seite 32 ①
schneeweiß: so weiß wie Schnee,
...

2 Finde Gegensatzpaare.

strohdumm | zwergenklein | nagelneu
steinalt | potthässlich | armdick
bildschön | rabenschwarz
schneeweiß | steinhart | hauchdünn
riesengroß | butterweich | blitzgescheit

Heft 1, Seite 32 ②
strohdumm – blitzgescheit, ...
...

3 Setze die fünf Adjektive zusammen.

pflegen | sauber | tropfen
leicht | kuscheln
nass | faul
blitzen | weich | schreiben

Heft 1, Seite 32 ③
pflegen + leicht = pflegeleicht
...

→ AH Seite 36

5 Nomen mit -chen und -lein bilden

1 Ordne die Märchennamen den Bildern zu.
Unterstreiche **-chen** und **-lein**.

Die Wortbausteine
-chen und -lein machen
vieles klein.

Heft 1, Seite 33 ①
1 Das …
…

Rotkäppchen | Der Wolf und die sieben Geißlein | Rumpelstilzchen | Das tapfere Schneiderlein | Schneewittchen | Tischlein deck dich

2 Schreibe auf, wie die Gegenstände bei den Zwergen heißen.

Wer hat mit meinem
Löffelchen gegessen?

Stuhl | Bett | Becher | Blume | Schwester | Flasche | Schlüssel | ~~Stuhl~~ | Pflanze | Mann | Wurst

Heft 1, Seite 33 ②
der Stuhl – das Stühlchen, …
…

3 Lies den Witz so oft, bis du ihn erzählen kannst.

Lehrer: Max, nenne mir Tiere!
Max: Schweinchen, Pferdchen, Entchen, …
Lehrer: Die Tiere sollen nicht alle klein sein. Lass das -chen weg.
Max: Hündchen, Kätzchen, …
Lehrer: Du sollst das -chen weglassen!
Max: Kanin, Eichhörn, …

5 Zusammengesetzte Wörter erkennen

1 Trenne die zusammengesetzten Nomen.
Schreibe sie mit Artikel auf.

Singvogel | Spitzmaus | Rothirsch

Brennnessel | Wildschwein

Springkraut | Grünspecht | Fliegenpilz

Heft 1, Seite 34 ①

Verb + Nomen	Adjektiv + Nomen
singen + der Vogel:	…
der Singvogel	
…	

2 Schreibe mindestens fünf zusammengesetzte Nomen und fünf zusammengesetzte Adjektive auf.

Heft 1, Seite 34 ②

Nomen	Adjektive
Burgfestung	…
…	

Die Sage von der Burg Reußenstein

Der baumlange Riese Heim wollte eine Burgfestung bauen. Da rief er mit ohrenbetäubender Stimme ins Tal: „Wer von euch Menschenzwergen will mir helfen eine Burg zu bauen?“ Es erschienen zahlreiche Handwerker und nahmen die vielfältige Arbeit freudig auf, denn der steinreiche Riese versprach reichlichen Lohn. Bald stand auf dem Felsgestein eine riesengroße Burg. Nur am winzigkleinen Klappfenster im haushohen Aussichtsturm fehlte noch ein Nagel. Der hochherzige Riese versprach demjenigen, der den Nagel einschlüge, besonders reichen Lohn. Alles staunte, als ein todesmutiger Bursche es wagte, den Eisennagel einzuschlagen.
Der großzügige Riese beschenkte den jungen Burschen reichlich.

6 Aussagesätze und Ausrufesätze erkennen

Nach einem **Aussagesatz** steht ein Punkt. Der Ball rollt auf die Straße.
Nach einer **Aufforderung** oder einem Ausruf steht ein Ausrufezeichen:
Beeilt euch!

1 Finde die fünf Aussagesätze.
Setze Punkte am Satzende.
Schreibe Satzanfänge groß.

Lies langsam Wort für Wort und finde so heraus, wann ein Satz zu Ende ist.
Der – See – ist – zugefroren.

DER SEE IST ZUGEFROREN DIE
KINDER FREUEN SICH EINIGE FAHREN
MIT IHREN SCHLITTSCHUHEN TIM IST
GERADE HINGEFALLEN ZUM GLÜCK
IST NICHTS PASSIERT

Heft 1, Seite 35 ①
Der See ist zugefroren. …
…

2 Schreibe zu jeder Person den passenden Ausrufesatz.
Male ein Warnschild in dein Heft. Was steht darauf?

Heft 1, Seite 35 ②
Tim: …!
…

3 Schreibe die Sätze ab. Denke bei jedem Satz an den Punkt oder das Ausrufezeichen.

Ein Liter Eis ist leichter als ein Liter Wasser Das kann doch nicht sein Doch Das Wasser dehnt sich aus, wenn es kälter wird Eis schwimmt im Wasser Erstaunlich Ja Seen frieren im Winter von oben zu Fische können unter dem Eis weiterleben

Heft 1, Seite 35 ③
Ein Liter Eis ist leichter als ein Liter Wasser. Das …

6 Fragesätze bilden

Am Ende einer **Frage** steht ein Fragezeichen: Wie alt bist du?

1 Finde die Fragesätze. Setze Fragezeichen am Satzende. Schreibe Satzanfänge groß.

Heft 1, Seite 36 ①
Was ist dein Lieblingstier? …
…

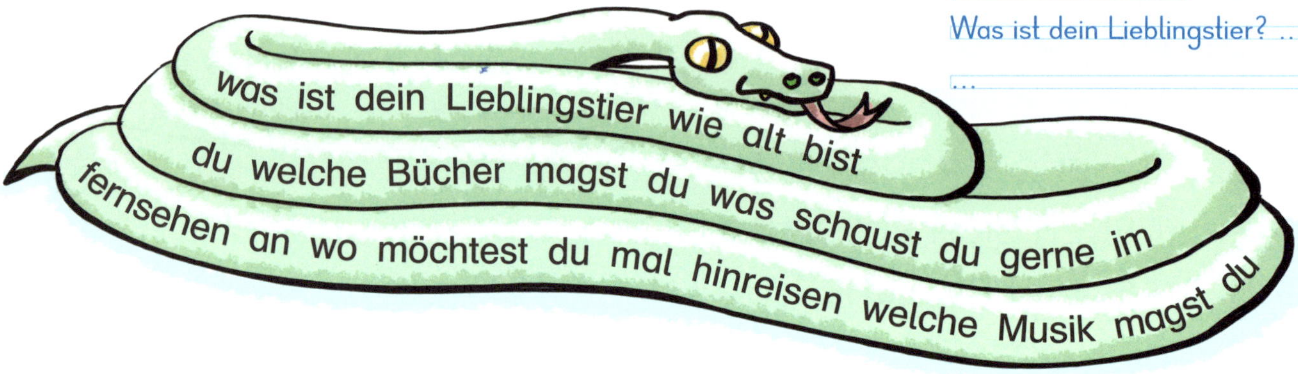

2 Ergänze bei den Fragen das Fragewort.
Ordne jedem Fragesatz den passenden Antwortsatz zu.

Wer | Wo | Was | Warum | Wie | Wohin

▢ kommt mit zum Spielplatz? ▢ geht es dir?

▢ ist meine Brille? ▢ wollen wir machen?

▢ bist du nicht mitgekommen?

▢ fahren wir in den Ferien?

Heft 1, Seite 36 ②
Wer kommt mit zum Spielplatz?
Ich komme mit. …

Ich komme mit. | Wir können ein Spiel spielen. | Ich hatte einen Zahnarzttermin. | Sie liegt auf dem Tisch. | Danke, mir geht es gut. | Wir fahren an die Ostsee.

3 Sortiere in Fragesätze und Ausrufesätze.
Setze das passende Satzzeichen am Satzende ein.

Ich gehe zum Ballett* Kommst du heute zu mir*

Wo ist deine Tasche* Auf dem Tisch liegt ein Stift*

Magst du ein Eis* Wir gehen in die Turnhalle*

Heft 1, Seite 36 ③
Aussagesätze: …
Fragesätze: …

→ AH Seite 42

6 Bei Aufzählungen ein Komma setzen

Wenn Wörter oder Satzglieder aufgezählt werden, dann muss ein **Trennzeichen** dazwischen: das **Komma**.
Ich möchte bitte einen Eisbecher mit Erdbeer, Vanille, Schokolade und Nuss.

1 Schreibe den Satz ab.
Setze an den richtigen Stellen ein Komma.

Ich möchte bitte einen Eisbecher
mit Schokolade Banane Erdbeer Zitrone
Vanille Nuss Pistazie Kirsch Aprikose Kokos
und Sahne.

Heft 1, Seite 37 ①
Ich möchte bitte einen Eisbecher
mit Schokolade, …

2 Schreibt zehn Dinge auf Papierstreifen, die ihr auf eine Reise mitnehmen wollt. Schreibt alles in einem Satz auf.
Denkt an das Komma bei Aufzählungen.

Heft 1, Seite 37 ②
Ich packe meinen Koffer und lege
eine Mütze, Handschuhe, …

3 Für eine Reise packst du einen Picknickkorb mit zehn Sachen zum Essen und Trinken ein.
Schreibe in dein Heft.

Heft 1, Seite 37 ③
Ich packe einen Korb mit Brot, …
…

→ AH Seite 43

6 Satzzeichen passend verwenden

1 Schau dir das Bild an.

a) Was passiert? Schreibe mindestens vier Aussagesätze.

b) Überlege, was auf dem Warnschild steht.

c) Was könnten die Leute sagen oder fragen? Schreibe auf.

Heft 1, Seite 38 ①

a) Aussagesätze:

Ein Ball rollt auf die Straße.

...

2

7 Die wörtliche Rede kennen lernen

Was tatsächlich gesprochen wird, nennt man **wörtliche Rede**.
Davor stehen Anführungszeichen unten, danach stehen sie oben.
„Ich verstehe nicht, warum ich Englisch lernen soll."

1 Wähle einen Witz aus.
Schreibe ihn mit Anführungszeichen in dein Heft.

Heft 1, Seite 39 ①
Sohn: „Ich verstehe nicht, ...
Vater: „ ...
...

Vater und Sohn

Sohn: Ich verstehe nicht,
warum ich Englisch lernen soll.

Vater: Aber Kind, die halbe Welt spricht Englisch!

Sohn: Ja eben! Genügt das nicht?

David und der Hund

David: Würden sie den Hund mal streicheln?

Frau: Aber gern. Du magst den Hund sicher sehr.

David: Das ist doch nicht mein Hund.
Ich wollte nur wissen, ob er beißt!

Zwei Hennen

Sagt die eine Henne zur anderen: Letzte Nacht hatte ich mindestens 40 Grad Fieber.

Fragt die andere: Woher weißt du das?

Meint die erste: Heute Morgen hab ich ein gekochtes Ei gelegt.

7 Einen Redebegleitsatz verwenden

Der **Redebegleitsatz** gibt an, **wer** spricht.
Nach dem Redebegleitsatz steht ein **Doppelpunkt**:
Marie ruft: „Das war ein Tor!“

1 Schreibe jeden Ausruf als wörtliche Rede mit Begleitsatz auf. Denke an passende Verben für **sagen**.

Heft 1, Seite 40 ①
Marie ruft: „Das war ein Tor!“
…

rufen | protestieren | meinen | brüllen | bitten
jammern | schreien | meckern | schimpfen

2 Schreibe selbst drei wörtliche Reden mit Redebegleitsatz auf.

Heft 1, Seite 40 ②
…

→ AH Seite 49

7 Redebegleitsatz und wörtliche Rede erkennen

1 Schreibe den Text ab.
Unterstreiche die wörtlichen Reden und
die Redebegleitsätze in zwei verschiedenen Farben.

Heft 1, Seite 41 ①
Es treffen sich zwei Spatzen.
Fragt der eine: „Was ...
...

Es treffen sich zwei Spatzen.
Fragt der eine: „Was sollen wir unternehmen?“
Darauf der andere: „Lass uns zum Bodensee fliegen.“
Fragt der erste: „Wo treffen wir uns?“
Meint sein Freund: „Auf der Eiche am Hafen.“
Darauf der erste: „Gut, flieg schon mal voraus,
ich hab noch was zu erledigen.“
Der eine Spatz fliegt zum Treffpunkt. Endlich, nach drei Stunden,
trifft sein Freund ein. Er fragt: „Wo warst du so lange?“
Da meint der andere Spatz: „ Ach, ich dachte
bei dem schönen Wetter gehe ich zu Fuß.“

2 Ordne jedem Begleitsatz die wörtliche Rede zu.
Unterstreiche die Begleitsätze.

Heft 1, Seite 41 ②
Lisa bittet Tim: „Leih mir ....“
...

Lisa bittet Tim:	„Lerne noch das Einmaleins.“
Der Vater ermahnt Niko:	„Ich bin hingefallen!“
Der Lehrer fragt den Schüler:	„Leih mir bitte deinen Radiergummi.“
Das kleine Kind weint:	„Hast du die Hausaufgaben gemacht?“

3

→ AH Seite 50

7 Wörtliche Rede schreiben

1 Denke dir für jede Sprechblase einen Begleitsatz aus.
Schreibe den Begleitsatz und die wörtliche Rede auf.
Setze die richtigen Zeichen.

Heft 1, Seite 42 ①
Mug fragt: „Was machen wir, wenn wir cool sind, Leo?“
…

stottern | flüstern | prahlen | erklären | sagen

Mug und Leo: Ab heute sind wir cool

Was machen wir, wenn wir cool sind, Leo?

Wenn wir zwei Coole sind, dann schauen wir uns Filme an, für die wir eigentlich noch zu klein sind.

Filme mit Monstern und Vampiren und so?

Coole schauen nur Filme, bei denen ihnen das Blut in den Adern gefriert.

Wa-, wa-, warum tun sie das?

Weil ihnen dann vor Angst die Haare zu Berge stehen und das sieht so was von cool aus, Mann!

Susann Opel-Götz

Heft 1, Seite 42 ②
Leo sagt: „Wenn wir zwei Coole sind, dann benehmen wir uns ganz schlecht.“
Mug fragt: „…

2 Schreibe auf, wie das Gespräch zwischen Leo und Mug weitergehen könnte.
Was tun Coole noch?

8 Satzglieder umstellen

Ein Satz besteht aus mehreren Satzteilen. Man nennt sie **Satzglieder**.
Satzglieder können aus **einem** Wort oder **mehreren** Wörtern bestehen:

Pauline und Jana | gehen | in den Zoo.

1. Schreibe jeden Satz auf einen langen Papierstreifen.
Schneide die Satzglieder auseinander.

Paulina und Jana gehen in den Zoo.

Die Mädchen besuchen die Affen.

Danach beobachten beide Seehunde.

Jana und Pauline spazieren zu den Pinguinen.

Dann möchten sie zu den Elefanten.

Zum Abschluss essen sie ein Eis.

2. Verschiebe die Teile
und bilde so viele Sätze wie möglich.

Wenn das Verb am Satzanfang steht, entsteht eine Frage. Vergiss das Fragezeichen am Satzende nicht.

3. Suche dir einen Satz aus.
Stelle die Satzglieder um und finde möglichst viele verschiedene Sätze.
Unterstreiche gleiche Satzglieder in der gleichen Farbe.

Heft 1, Seite 43 ③

Paulina und Jana gehen in den Zoo.

Gehen Paulina und Jana in den Zoo?

...

8 Das Subjekt erkennen

Subjekte sind Satzglieder. Sie sagen, wer oder was etwas tut.
Nach dem Subjekt fragt man mit **Wer?** oder **Was?**:
Wer besucht die Polizei? **Felix.**
Was ist am interessantesten? **Das Polizeiauto.**

1 Schreibe zu jedem Satz das Fragewort und das Subjekt auf.

Heft 1, Seite 44 ①
1 Wer? Felix.
2 …
…

1 Felix besucht mit seiner Klasse die Polizei am Ort. 2 Die Lehrerin hat mit den Kindern über verschiedene Berufe gesprochen. 3 Der Vater von Moni ist bei der Polizei und hat die Klasse eingeladen. 4 Der Bus bringt sie zum Revier in der Innenstadt. 5 Am Empfang begrüßt sie ein Polizist freundlich. 6 Er öffnet die gesicherte Eingangstür. 7 Monis Vater zeigt ihnen das Büro und seine Kollegen. 8 Doch das Polizeiauto ist natürlich am interessantesten. 9 Jedes Kind darf sich hineinsetzen. 10 Zum Abschluss macht die Lehrerin noch ein Gruppenfoto mit Kindern und Polizisten.

2 Überlege dir einen Aussagesatz. Ein anderes Kind nennt das Subjekt. Dann wechselt ihr.

→ AH Seite 56

8 Das Prädikat kennen lernen

Jeder Satz hat ein **Prädikat**.
Dieses Satzglied sagt aus, **was jemand tut** oder **was geschieht**.
Was tut Leonie? Leonie **singt**.
Was geschieht heute Mittag? Es **donnert**.

1 Stelle fest, was jemand tut.
Schreibe mindestens vier sinnvolle Sätze.

Der Briefträger	füttert die Schweine.
Der Polizist	gießt die Pflanzen.
Die Ärztin	jagt Verbrecher.
Der Bauer	kehrt die Schornsteine.
Der Gärtner	bringt die Post.
Die Schornsteinfegerin	fliegt ein Flugzeug.
Der Elektriker	verbindet die Wunde.
Die Pilotin	verlegt Leitungen.

Heft 1, Seite 45 ① + ②
Was tut der Briefträger?
Der Briefträger bringt die Post.
...

2 Unterstreiche bei allen Sätzen aus **1** das Prädikat.

3 Bilde zwei Sätze, bei denen du das Prädikat an den Anfang setzt.

Heft 1, Seite 45 ③
Verlegt der Elektriker Leitungen?
...

→ AH Seite 57

8 Subjekt und Prädikat verwenden

1. Erzählt abwechselnd, was die Kinder tun.
Nennt Subjekt und Prädikat.

2. Bilde mindestens vier Sätze. Schreibe sie ins Heft.
Markiere Subjekt und Prädikat.

	spielt	mit dem Ball.
Pia und Lukas	klettert	um die Wette.
Sie	hüpfen	mit Lina und Nick.
	werfen	auf dem Trampolin.
	rennen	an der Sprossenwand.

Heft 1, Seite 46 ②
Pia und Lukas rennen um die Wette.
...

3. Schreibe die Spielbeschreibung ins Heft.
Unterstreiche in jedem Satz das Subjekt
und das Prädikat in verschiedenen Farben.

Heft 1, Seite 46 ③
Viele Kinder spielen dieses ...
...

Viele Kinder spielen
dieses Fang-Spiel in der Pause.
Das Spiel funktioniert nur bei
Sonnenwetter. Ein Kind fängt.
Der Fänger berührt den Schatten
eines Mitspielers mit dem Fuß.
Dieser Mitspieler scheidet aus.

8 Subjekt und Prädikat erkennen

1 Lies die Geschichte. Entscheide dich bei jedem Satz für eine Möglichkeit und schreibe die Sätze auf. Markiere Subjekt und Prädikat in verschiedenen Farben.

Es war einmal

[ein Bauer] [ein Prinz] [ein König].

Er lebte

[in einem Schloss] [in einer Hütte] [in einem Stall].

Eines Tages

[fand er] [stahl er]

[einen Schatz] [einen Stein] [einen Ring].

Die

[schöne Prinzessin] [alte Hexe] [Zauberin]

[lachte] [schimpfte] [weinte sehr].

Sie wollte ihn nicht

[heiraten] [verzaubern] [küssen].

Da packte er alles

[in eine Kiste] [in eine Tüte] [in eine Kutsche].

Er

[fuhr] [verschwand] [rannte]

[in den Wald] [auf einen Berg] [in eine Höhle].

Und wenn er nicht gestorben ist, dann lebt er da noch immer.

2 Schreibe selbst eine Entscheidungsgeschichte und tausche sie mit einem Partner aus. Unterstreiche Subjekt und Prädikat.

Heft 1, Seite 47 ① + ②

Es war einmal ein ... .

...

Einsterns Schwester 3

Themenheft 1

Sprache untersuchen

Herausgegeben von: Roland Bauer, Jutta Maurach

Erarbeitet von: Annette Rothfuß
und der Redaktion Primarstufe

Redaktion: Mirjam Löwen

Illustration: Yo Rühmer

Umschlaggestaltung: klein & halm, Berlin

Layout und
technische Umsetzung: Katrin Tengler

www.cornelsen.de

1. Auflage, 1. Druck 2011

Alle Drucke dieser Auflage sind inhaltlich unverändert
und können im Unterricht nebeneinander verwendet werden.

Druck: Himmer AG, Augsburg

ISBN 978-3-06-080151-0

Hinweis: Dieses Heft ist Bestandteil des Schubers „Einsterns Schwester 3" – ISBN 978-3-06-082225-6. Es ist nicht einzeln erhältlich.

Inhalt gedruckt auf säurefreiem Papier aus nachhaltiger Forstwirtschaft.